이랑의
자연 담은
스티커북

한 그루의 나무가 모여 푸른 숲을 이루듯이
청림의 책들은 삶을 풍요롭게 합니다.

이랑의 자연 담은 스티커북

◦ 감성 수채화로 그려 낸 식물의 세계 ◦

글·그림 김이랑

차례

◦ 1장 ◦

화사한 꽃

06

◦ 2장 ◦

싱그러운 채소

26

◦ 3장 ◦

초록의 식물

42

◦ 4장 ◦

 **탐스러운 열매**

58

◦ 5장 ◦

즐거운 자연 수집

82

작가의 말

99

1장

화사한 꽃

능소화 Chinese trumpet creeper

영명 *Chinese trumpet creeper*　**학명** *Campsis grandiflora*

능소화과의 갈잎 덩굴성 목본 식물

꽃말 그리움, 기다림

PERMANENT YELLOW DEEP　ORANGE　PERMANENT RED　CADMIUM GREEN LIGHT　SAP GREEN　SHADOW GREEN

물망초 Forget-me-not

영명 *Forget-me-not* **학명** *Myosotis scorpioides*
통화식물목 지칫과의 여러해살이풀
꽃말 나를 잊지 마세요

LILAC

LAVENDER

ULTRAMARINE DEEP

PERMANENT YELLOW DEEP

SAP GREEN

IVORY BLACK

물망초

물망초 꽃

물망초 잎

동백 Camellia

영명 *Camellia* **학명** *Camellia japonica*

차나뭇과의 상록 활엽 소교목

꽃말 누구보다 당신을 사랑합니다

PERMANENT
RED

PERMANENT
YELLOW DEEP

CADMIUM
GREEN LIGHT

GREEN
GREY

SHADOW
GREEN

VAN DYKE
BROWN

차꽃 Tea plant

영명 *Tea plant* **학명** *Camellia sinensis*
차나뭇과 동백나무속의 상록 활엽 관목
꽃말 추억

PERMANENT
YELLOW DEEP

LEAF
GREEN

SAP
GREEN

SHADOW
GREEN

VAN DYKE
BROWN

IVORY
BLACK

차꽃

차꽃 꽃봉오리

덜 핀 차꽃

차꽃

찻잎

연꽃 Lotus

영명 *Lotus* **학명** *Nelumbo nucifera*

연꽃과의 여러해살이 부엽 식물

꽃말 청렴, 깨끗한 마음

PERMANENT YELLOW DEEP | LEAF GREEN | SAP GREEN | JAUNE BRILLIANT NO.2 | CORAL PINK | OPERA ROSE | SHADOW GREEN | VAN DYKE BROWN

팬지 Pansy

영명 *Pansy* **학명** *Viola* × *wittrockiana*
삼색제비꽃이라고도 부르는 제비꽃과의 한해살이풀
꽃말 나를 생각해 주세요

PERMANENT YELLOW DEEP CORAL PINK PERMANENT RED ULTRAMARINE DEEP LAVENDER ULTRAMARINE VIOLET CADMIUM GREEN MIDDLE SHADOW GREEN

팬지 꽃

팬지 잎

산수국 Mountain hydrangea

영명 *Mountain hydrangea* **학명** *Hydrangea serrata f. acuminata*
장미목 범의귓과 수국속의 낙엽 활엽 관목
꽃말 변하기 쉬운 마음

LILAC

LAVENDER

ULTRAMARINE DEEP

CADMIUM GREEN LIGHT

SAP GREEN

SHADOW GREEN

산수국

산수국 헛꽃

꽃잎

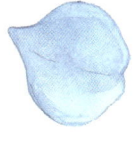

산수국 잎

제비꽃 Violet

영명 Violet **학명** *Viola mandshurica*

제비꽃목 제비꽃과의 여러해살이풀

꽃말 순진한 사랑, 겸손

LILAC

ULTRAMARINE VIOLET

INDIGO

CADMIUM GREEN MIDDLE

GREEN GREY

SHADOW GREEN

제비꽃

제비꽃

제비꽃 잎

꽃을 좋아하게 되면 계절마다 마음이 바빠집니다. 초봄이면 벚꽃을 놓칠까 서둘러야 하고, 벚꽃이 지고 나면 어서 진달래를 찾아나서야 하고, 진달래 다음은 장미, 그다음은 금계국, 그다음은 능소화…. 꽃을 찾아 길을 걷다 보면 금세 봄을 지나 여름이 오고 이내 가을을 맞이하게 됩니다. 꽃들을 따라다니다 보면 자연스럽게 그림을 그리게 되고, 그렇게 그림 속에 담긴 꽃들은 계절의 기억을 고스란히 품게 됩니다.

· 2장 ·

(싱그러운 채소)

래디시 Radish

영명 *Radish* **학명** *Raphanus sativus*
양귀비목 겨자과의 식용 뿌리채소
꽃말 계절이 주는 풍요

OPERA
ROSE

PERMANENT
RED

PERMANENT
YELLOW DEEP

LEAF
GREEN

SAP
GREEN

SHADOW
GREEN

VAN DYKE
BROWN

토마토 Tomato

영명 *Tomato*   **학명** *Solanum lycopersicum*

쌍떡잎식물 통화식물목 가지과의 한해살이풀

꽃말 완성된 아름다움

PERMANENT RED   ORANGE   PERMANENT YELLOW DEEP   LEAF GREEN   SAP GREEN   VAN DYKE BROWN   IVORY BLACK

토마토 열매

토마토 단면

토마토

토마토 꽃

덜 익은
토마토

토마토 잎

가지 Eggplant

영명 *Eggplant* **학명** *Solanum melongena*
가짓과 가지속에 속하는 한해살이풀 채소
꽃말 진실

LILAC   ULTRAMARINE VIOLET   OPERA ROSE   PERMANENT YELLOW DEEP   CADMIUM GREEN LIGHT   GREEN GREY   IVORY BLACK

완두콩 Pea

영명 *Pea* **학명** *Pisum sativum*

콩과에 속하는 한해살이 또는 두해살이 덩굴 식물

꽃말 다산, 미래의 기쁨

LEAF
GREEN

CADMIUM
GREEN LIGHT

SAP
GREEN

CADMIUM
GREEN MIDDLE

IVORY
BLACK

완두콩

완두콩

완두잎

완두 꽃

완두콩 깍지

아보카도 Avocado

영명 *Avocado* **학명** *Persea americana*

미나리아재비목 녹나뭇과의 열대 나무의 열매

꽃말 풍요, 생명력

PERMANENT YELLOW DEEP | LEAF GREEN | SAP GREEN | CADMIUM GREEN MIDDLE | SHADOW GREEN | VAN DYKE BROWN | IVORY BLACK

파프리카 Paprika

영명 Paprika　**학명** *Capsicum annuum*

가짓과에 속하는 맵지 않은 고추의 한 품종

꽃말 당신을 잊지 않습니다

PERMANENT
YELLOW DEEP

ORANGE

PERMANENT
RED

CADMIUM
GREEN LIGHT

SAP
GREEN

VAN DYKE
BROWN

파프리카

파프리카

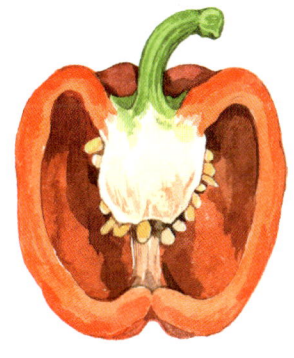
파프리카 단면

파프리카 꽃

파프리카 잎

매일 무심코 먹던 채소를 유심히 들여다보다가, 문득 익숙한 잎사귀 하나하나가 생각보다 정교하고 예쁘다는 생각이 들었습니다. 그러다 그 채소에도 꽃이 피고 열매가 맺힌다는 것을, 단순한 식재료가 아니라 꽃을 피우고 계절을 보내는 하나의 온전한 식물이었다는 것을 알게 되었습니다. 그런 채소를 그리는 일은 단순한 관찰이 아니라 작은 자연을 마주하는 일처럼 느껴지기도 합니다.

· 3장 ·

초록의 식물

베고니아 Begonia

영명 *Begonia*　**학명** *Begonia maculata*

베고니아과의 열대 지방이 원산지인 관엽 식물

꽃말 짝사랑

CADMIUM
GREEN LIGHT

SAP
GREEN

SHADOW
GREEN

OPERA
ROSE

IVORY
BLACK

베고니아

베고니아 잎

베고니아 꽃

잎 뒷면

아이비 IVY

영명 *Ivy* **학명** *Hedera helix*

송악속 두릅나뭇과의 상록 덩굴 식물

꽃말 진실한 애정, 성실, 사랑

CADMIUM
GREEN LIGHT

CADMIUM
GREEN MIDDLE

SAP
GREEN

GREEN
GREY

SHADOW
GREEN

INDIGO

IVORY
BLACK

아이비
열매

아이비 잎

아이비

아이비
어린잎

아이비줄기

클로버 Clover

영명 *Clover* **학명** *Trifolium repens*
토끼풀이라고도 부르는 콩과의 다년초
꽃말 행복, 행운

LEAF GREEN

SAP GREEN

GREEN GREY

SHADOW GREEN

IVORY BLACK

클로버

세잎클로버

클로버 꽃

네잎클로버

어린
클로버

유칼립투스 Eucalyptus

영명 *Eucalyptus*　**학명** *Eucalyptus spp.*
호주가 원산지인 도금양과의 상록 교목
꽃말 추억

CADMIUM
GREEN LIGHT

DAVY'S
GREY

VAN DYKE
BROWN

IVORY
BLACK

유칼립투스"

유칼립투스 잎

유칼립투스 꽃

유칼립투스 화분

필레아 페페 Pilea peperomioides

영명 *Pilea Peperomioides* **학명** *Pilea Peperomioides*
쐐기풀과 필레아속에 속하는 관엽 식물
꽃말 행운이 함께하는 사랑

CADMIUM GREEN LIGHT   SAP GREEN   CADMIUM GREEN MIDDLE   GREEN GREY   VAN DYKE BROWN

필레아 페페 잎

자구

필레아 페페

무늬
필레아
페페

필레아 페페 화분

몬스테라 Monstera

영명 *Monstera* **학명** *Monstera deliciosa*
천남성과의 여러해살이 덩굴성 관엽 식물
꽃말 기쁜 소식, 반가운 소식

CADMIUM
GREEN LIGHT

SAP
GREEN

SHADOW
GREEN

VAN DYKE
BROWN

몬스테라

몬스테라 잎

몬스테라 꽃

구멍이 없는 잎

몬스테라 화분

초록 식물을 유심히 관찰하고 그림으로 옮기는 시간을 각별히 좋아합니다. 식물의 저마다 다른 초록빛을 비교해 보기도 하고, 어제보다 조금 더 자란 잎사귀의 모양을 살피거나, 빛에 따라 조금씩 달라지는 빛깔을 관찰하기도 합니다. 초록을 오래 바라보고 그리는 일은 무언가를 가만히 들여다보는 힘을 길러 주는 것 같아요. 그리고 그것은 저에게 큰 안정감과 위로를 줍니다.

· 4장 ·

(탐스러운 열매)

딸기 Strawberry

영명 *Strawberry* **학명** *Fragaria × ananassa*

쌍떡잎식물 이판화군 장미목 장미과의 여러해살이풀

꽃말 존중, 애정, 우애

PERMANENT
RED

PERMANENT
YELLOW DEEP

LEAF
GREEN

SAP
GREEN

SHADOW
GREEN

IVORY
BLACK

딸기

작은 딸기

단면

꽃

덜 익은 딸기

꽃봉오리

딸기 열매

잎

감 Persimmon

영명 *Persimmon* **학명** *Diospyros kaki Thunb.*
감나뭇과의 낙엽 활엽 교목인 감나무의 열매
꽃말 경의, 자애, 소박

ORANGE

CADMIUM GREEN LIGHT

SAP GREEN

DAVY'S GREY

GREEN GREY

VAN DYKE BROWN

무화과 Fig

영명 *Fig* **학명** *Ficus carica*
뽕나뭇과에 속하는 무화과나무의 열매
꽃말 풍요, 다산, 결실

PERMANENT
RED

ULTRAMARINE
VIOLET

LEAF
GREEN

SAP
GREEN

SHADOW
GREEN

VAN DYKE
BROWN

무화과

무화과 열매

무화과 잎

단면

반쯤 익은 무화과

복숭아 Peach

영명 *Peach* **학명** *Prunus persica*

장미과 벚나무속 복사나무의 열매

꽃말 사랑의 노예, 매력

SHELL PINK

CORAL PINK

PERMANENT RED

CADMIUM GREEN LIGHT

CADMIUM GREEN MIDDLE

GREEN GREY

IVORY BLACK

복사꽃

복숭아

복숭아 열매

복숭아 단면

복숭아 잎

사과 Apple

영명 *Apple* **학명** *Malus pumila*

장미과에 속하는 낙엽 교목 사과나무의 열매

꽃말 유혹, 성공, 명성

PERMANENT YELLOW DEEP | CORAL PINK | PERMANENT RED | CADMIUM GREEN LIGHT | SAP GREEN | CADMIUM GREEN MIDDLE | SHADOW GREEN | VAN DYKE BROWN

블루베리 Blueberry

영명 *Blueberry*　**학명** *Vaccinium corymbosum*

진달랫과 산앵두나무속 관목의 열매

꽃말 현명, 친절, 호의

SHELL PINK　BRILLIANT PINK　LILAC　HORIZON BLUE　ULTRAMARINE DEEP　INDIGO　CADMIUM GREEN MIDDLE　SHADOW GREEN　VAN DYKE BROWN

블루베리

블루베리 열매

블루베리 꽃

블루베리가 익어 가는 과정

블루베리 잎

귤 Mandarin

영명 *Mandarin* **학명** *Citrus reticulata*

운향과 귤속 감귤나무의 열매

꽃말 순백의 사랑, 친애

PERMANENT YELLOW DEEP | ORANGE | PERMANENT RED | CADMIUM GREEN LIGHT | SAP GREEN | GREEN GREY | VAN DYKE BROWN

귤

굴꽃

귤 단면

귤 열매   귤잎

체리 Cherry

영명 *Cherry* **학명** *Prunus avium*

장미과 벚나무속 벚나무의 열매

꽃말 정신의 아름다움

PERMANENT
RED

PERMANENT
YELLOW DEEP

LEAF
GREEN

CADMIUM
GREEN LIGHT

SAP
GREEN

DAVY'S
GREY

VAN DYKE
BROWN

체리

체리 꽃

체리 잎

체리 열매

오렌지 Orange

영명 *Orange* **학명** *Citrus × sinensis*

운향과 귤속 오렌지 나무의 열매

꽃말 신부의 기쁨, 너그러운 마음

ORANGE | PERMANENT RED | LEAF GREEN | CADMIUM GREEN LIGHT | SAP GREEN | CADMIUM GREEN MIDDLE | SHADOW GREEN | VAN DYKE BROWN

오렌지

오렌지 꽃

오렌지 단면

오렌지 열매

오렌지 조각

오렌지 잎

산딸기 Raspberry

영명 *Raspberry* **학명** *Rubus crataegifolius Bunge*
장미과에 속하는 갈잎 떨기나무의 열매
꽃말 애정, 질투

PERMANENT
YELLOW DEEP

ORANGE

PERMANENT
RED

LEAF
GREEN

CADMIUM
GREEN MIDDLE

SHADOW
GREEN

IVORY
BLACK

산딸기 열매

덜 익은
산딸기

산딸기잎

산딸기 꽃

열매는 보통 꽃이 지고 난 뒤에 맺히지만, 저는 꽃과 열매를 하나의 그림 안에 담아내는 것을 좋아합니다. 실제 자연에서는 보기 어려운 장면이지만 그림으로는 얼마든지 표현할 수 있으니까요. 꽃이 피어나는 순간의 아름다움과 그 후에 맺히는 열매를 한 화면에 그리는 일은 늘 재미있고도 특별한 작업이에요. 앞으로도 계속 시간의 흐름과 결실, 그리고 그 사이의 보이지 않는 이야기들을 담아내는 것이 저의 작은 목표입니다.

○ 5장 ○

즐거운 자연 수집

나무 Trees

나무 *Trees*
줄기나 가지가 목질로 된 여러해살이 식물

LEAF
GREEN

CADMIUM
GREEN LIGHT

SAP
GREEN

CADMIUM
GREEN MIDDLE

GREEN
GREY

SHADOW
GREEN

VAN DYKE
BROWN

들꽃 Wildflowers

들꽃 *Wildflowers*
들에 피는 꽃, 사람의 손을 타지 않은 야생화

PERMANENT YELLOW DEEP | LEAF GREEN | SAP GREEN | SHADOW GREEN | OPERA ROSE | VAN DYKE BROWN

클로버

찔레꽃

들꽃

← 냉이 꽃

꼬리조팝나무

민들레

실내 식물 Houseplants

실내 식물 *Houseplants*
실내에서 기르는 관상용 식물

LEAF GREEN | CADMIUM GREEN LIGHT | SAP GREEN | CADMIUM GREEN MIDDLE | GREEN GREY | SHADOW GREEN | VAN DYKE BROWN

녹태고

스테파니아
에렉타

거북이
알로카시아

앤슈리엄
크리스탈리움

에둘레
소철

황칠나무 실내 식물

유칼립투스
웹스트리아나

연필
선인장

알로카시아
바리에타

베고니아
마쿨라타

분홍 꽃들 Pink flowers

분홍 꽃들 *Pink flowers*
색상이 분홍인 꽃, 행복과 애정의 의미가 담긴 꽃이 많음

JAUNE BRILLIANT NO.2 | SHELL PINK | CORAL PINK | BRILLIANT PINK | OPERA ROSE | PERMANENT RED | LEAF GREEN | SAP GREEN | VAN DYKE BROWN

허브 Herbs

허브 *Herbs*
약이나 향료, 요리의 재료로 사용하는 풀

CADMIUM
GREEN LIGHT

SAP
GREEN

CADMIUM
GREEN MIDDLE

GREEN
GREY

SHADOW
GREEN

VAN DYKE
BROWN

무늬 잎사귀들 Variegated leaves

무늬 잎사귀들 Variegated leaves
잎의 일부가 녹색이 아닌 다른 색으로 변이를 일으킨 식물

SHELL PINK | CADMIUM GREEN LIGHT | SAP GREEN | CADMIUM GREEN MIDDLE | GREEN GREY | SHADOW GREEN | VAN DYKE BROWN

산책길이나 주변에서 마주치는 평범한 풍경들은 모두 그림의 소중한 소재가 됩니다. 공원이나 길가의 나무, 쪼그리고 앉아야만 보이는 작은 들꽃, 직접 키우는 식물들까지. 특별한 장면을 찾아 멀리 떠나지 않아도 일상 속에서 자연은 조용히 말을 걸어오는 것만 같아요. 그렇게 눈에 담긴 순간들을 천천히 그리다 보면, 사소해 보이던 것들이 더 이상 작게 느껴지지 않습니다. 익숙한 자연을 그림으로 새롭게 꽃피우는 과정은 언제나 즐겁고 행복합니다.

작가의 말

이 책은 오랫동안 조금씩 그려 온 그림들을 모은 작은 기록입니다.
주변을 관찰하며 '내가 그리고 싶은 것들'을 그렸어요.
꾸준히 그리다 보니 제법 모여 책 한 권이 되었습니다.
그림마다 특별한 계획이 있었던 건 아니지만,
시작은 모두 '관찰'이었습니다.
별것 없어 보이는 사물도 가만히 들여다보면
그려 보고 싶은 구석이 있기 마련이에요.
주변을 관찰하는 일은 그리기의 시작이자,
그 자체로도 생각보다 꽤 재미있는 일입니다.
이 책이 그런 관찰의 즐거움을 전할 수 있기를 바랍니다.

감성 수채화로 그려 낸 식물의 세계
이랑의 자연 담은 스티커북

1판 1쇄 인쇄 2025년 8월 20일
1판 1쇄 발행 2025년 9월 10일

지은이 김이랑
펴낸이 고병욱

기획편집2실장 김순란 **책임편집** 조상희 **기획편집** 권민성
마케팅 황혜리 황예린 권묘정 이보슬 **디자인** 공희 백은주
제작 김기창 **관리** 주동은 **총무** 노재경 송민진 서대원

펴낸곳 청림출판(주)
등록 제2023-000081호

본사 04799 서울시 성동구 아차산로17길 49 1010호 청림출판(주)
제2사옥 10881 경기도 파주시 회동길 173 청림아트스페이스
전화 02-546-4341 **팩스** 02-546-8053

홈페이지 www.chungrim.com **이메일** life@chungrim.com
인스타그램 @ch_daily_mom **블로그** blog.naver.com/chungrimlife
페이스북 www.facebook.com/chungrimlife

ⓒ 김이랑, 2025

ISBN 979-11-93842-47-8 13650

※ 이 책은 저작권법에 따라 보호를 받는 저작물이므로 무단 전재와 무단 복제를 금합니다.
※ 책값은 뒤표지에 있습니다. 잘못된 책은 구입하신 서점에서 바꾸어 드립니다.
※ 청림Life는 청림출판(주)의 논픽션·실용도서 전문 브랜드입니다.